SCM
Stiftung Christliche Medien

SCM ist ein Imprint der SCM Verlagsgruppe, die zur
Stiftung Christliche Medien gehört, einer gemeinnützigen
Stiftung, die sich für die Förderung und Verbreitung christlicher
Bücher, Zeitschriften, Filme und Musik einsetzt.

© 2018 SCM Verlag in der SCM Verlagsgruppe GmbH
Max-Eyth-Straße 41 · 71088 Holzgerlingen
Internet: www.scm-verlag.de; E-Mail: info@scm-verlag.de

Soweit nicht anders angegeben, sind die Bibelverse
folgender Ausgabe entnommen:
Neues Leben. Die Bibel, © der deutschen Ausgabe 2002 und 2006
SCM R.Brockhaus in der SCM Verlagsgruppe GmbH Witten/Holzgerlingen

Gesamtgestaltung: Erik Pabst, München
Druck und Verarbeitung: dimograf
Gedruckt in Polen
ISBN 978-3-7893-9812-4
Bestell-Nr. 629.812

ANNETTE PENNO

99 Ideen für mehr WOW in deinem Leben

SCM

Schön, dass du hier reinguckst!

Du bist also ein bisschen neugierig, wie du an den Wow-Faktor für dein Leben kommst? Vielleicht bist du auch einfach nur höflich, weil Tante Inge oder Onkel Herbert dich sonst angesäuert ansehen, wenn du das Geschenk links liegen lässt?

Warum auch immer du dieses Buch in der Hand hältst: Ich freue mich, dass du hier reinliest! Und ich hoffe, dass du auf den kommenden Seiten ein paar Ideen findest, die dir Lust aufs Ausprobieren machen! Denn nur wer wagt, gewinnt. Und zu gewinnen gibt's hier ne Menge ...

Was dieses Buch soll

Wenn du willst, dann helfen dir die 99 Ideen, ein bisschen Himmel in deinen Alltag zu holen.

Manchen Menschen gelingt so was nämlich. Du bist bestimmt auch schon mal einem von ihnen begegnet: Von diesen Leuten geht so viel Wärme aus, dass du dich in ihrer Nähe sofort wohlfühlst. Sie verzaubern dich mit ihrer Art, weil sie dafür sorgen, dass sich dein Herz leichter anfühlt als vorher. Oder sie hinterlassen einen gewaltigen Eindruck, weil sie deine Welt mit ihrem Verhalten ein bisschen heller gemacht haben. Solche Menschen, die ihre Umwelt positiv verstrahlen, sind einfach wunderbar. Von ihnen kann diese Welt gar nicht genug haben!

Und: Du kannst ab sofort einer von ihnen werden!

Allerdings wird man so jemand natürlich nicht einfach so ... Ein bisschen was kostet das schon. Schließlich ist nix, was wirklich was taugt, ohne Einsatz zu haben. Aber das ist auch das Schöne an Herausforderungen: Sie klingen nur auf den ersten Blick nach Anstrengung oder Überwindung – denn wenn der erste Schritt gemacht ist, dann machen sie echt Laune! Und der Nebeneffekt: Hinterher breitet sich eine riesige Zufriedenheit in einem aus, weil man für etwas Gutes den Hintern hochgekriegt hat. Großartig.

Wie es geht

Also, los: Lass dich 99 Mal herausfordern und entdecke das Geheimnis, wie du selbst eine Gute-Laune-Spritze, ein Trostpflaster, eine Taschenlampe, ein Rettungsring, ein Fels in der Brandung, ein Ruhepol oder einfach etwas wohltuend Fantastisches werden kannst.

Meine Recherchen haben nämlich ergeben, dass Menschen mit so einer Wirkung oft eine geheime Tankstelle für dieses Wow haben. Sie docken an eine Powerstation an, die ihnen die ganze Palette solcher weltverändernder Eigenschaften gibt:

Gott.

Der behauptet nämlich, dass man ganz viel Freude, inneren Frieden und all den guten Stoff für Himmel-auf-Erden-Erfahrungen bekommt, wenn man ihn ins eigene Leben lässt – so wie einen Freund. (Das kannst du in seinem Buch, der Bibel, genauer nachlesen, wenn du willst: z.B. Johannes 15,5 und Galater 5,22.)

Bisschen crazy? Vielleicht. Aber vorhersehbar und logisch und ohne Kribbeln ist ja auch langweilig, oder? Sag Gott doch einfach, dass du dieses Wow in deinem Leben haben möchtest und er dir willkommen ist – und guck, was passiert. Ich feuer dich von hier so richtig an: Woohooo!

Annette Penno

Überblick

Du kannst die Ideen eine nach der anderen ausprobieren. Oder du fängst mit denen an, die dich spontan ansprechen. Vielleicht interessieren dich auch ganz bestimmte Themen? Dann kannst du hier gezielt auf die Suche gehen.

FREUDE
SEITE 11

TROST & HOFFNUNG
SEITE 23

LIEBE & FREUNDSCHAFT
SEITE 37

GEDULD & AUSDAUER
SEITE 47

GÜTE & HILFSBEREITSCHAFT
SEITE 55

RESPEKT
SEITE 63

FRIEDEN & FURCHTLOSIGKEIT
SEITE 77

VERGEBUNG
SEITE 91

Zähle auf, wofür du dankbar bist.

Ganz simpel, aber gar nicht sinnlos. Denn wer sich an die guten Dinge erinnert, lebt fröhlicher!

Darum: Schreib eine Woche lang jeden Abend 5 Dinge auf, für die du dankbar bist. So grundsätzlich. Oder gerade jetzt. Oder ganz neu.

Bring jemanden zum Lachen.

Verschicke ein lustiges YouTube-Video.

Okay. Ist nix Besonderes. Dann vielleicht lieber das hier: Lerne einen richtig guten Witz auswendig, übe eine Knaller-Performance und verbreite ihn!

Dir fallen einfach noch viel mehr und viel bessere Ideen ein? Wunderbar. Dann los.

Mach öffentlich Quatsch.

Geh mit Perücke in die Schule.

Tanz auf der Straße.

Erzähl einem fremden Menschen eine lustige Geschichte.

Was auch immer dir einfällt: Erheitere deine Umwelt.

Frag jemanden um Rat.

Wenn man nicht so recht weiterweiß, ist das keine Schande, sondern eine Schance – Pardon, Chance –, schlauer zu werden.

Es ist ziemlich clever, herauszufinden, was andere in einer bestimmten Situation tun würden. Dann hat man nämlich mehrere Verhaltensmöglichkeiten zur Auswahl, auf die man von alleine vielleicht gar nicht gekommen wäre, und kann die, die einem am besten gefällt, einfach nehmen! Das ist auch der geheime Unterschied zu ungefragt erteilten Ratschlägen: Man entscheidet selbst. Und wird klug.

Finde jemanden, der dich mit seiner Ausstrahlung und Erfahrung inspiriert, und frag!

Nimm Lob an.

Das ist ja gar nicht immer so einfach: Man kann es anzweifeln, besser wissen, totreden, entwerten ...

Dabei geht es bei einem Lob, das von anderen kommt, gar nicht darum, ob man es selbst für wahr hält. Es geht einfach nur um die Sichtweise des anderen. Und wenn er etwas Nettes „sieht", wäre es nicht nur blöd, sondern auch unfair, ihm das ausreden zu wollen.
Stattdessen:

- **Beim nächsten Lob die Klappe halten. Nix sagen.**
- **Das Herz weit aufmachen und das Lob tief drinnen ablegen.**
- **Es ist ein Geschenk: Freu dich einfach und sag Danke.**
- **Fertig.** 😊

Greif nach dem Himmel.

Der Herrscher des Himmels ist großzügig und gibt gern.
Wovon hättest du gerne mehr?
Was ist gerade nötig?
Bitte ihn. Und bitte schön:
Schneid dir aus, was du brauchst.

Liebe · Freude · Frieden · Geduld · Freundlichkeit · Treue · Nachsicht · Ausdauer · Hoffnung · Kraft · Mut

Himmel 2 GO

9

Komm mit einem Unbekannten ins Gespräch.

Super für längere Bus- und Zugfahrten oder lange Warteschlangen an der Kasse.

Sprich jemanden an, der dir sympathisch ist, und komme mit ihm ins Gespräch. Einfach so, wenn du ein Kommunikationstalent bist – oder warum nicht auch mal direkt fragen: „Sie sind mir sympathisch, hätten Sie Lust, sich ein bisschen mit mir zu unterhalten? Mich würde interessieren …"

- In welchem Land würden Sie gerne mal leben? (Und wieso?)
- Mit welcher berühmten Persönlichkeit würden Sie gerne mal einen Kaffee trinken?
- Was bewundern Sie an Ihren Eltern?
- Wenn Sie eine Million Euro gewinnen würden, wofür geben Sie zuerst Geld aus?
- Und wenn du ganz mutig bist und es gut läuft: Angenommen, Sie hätten nur noch 7 Tage zu leben, was würden Sie tun?

Frag nach. Sag, was dir dazu durch den Kopf geht. Manchmal entstehen die interessantesten und denkwürdigsten Gespräche mit Fremden – und ihr beide geht mit einer schönen Erfahrung eurer Wege. Und warum? Weil du dich getraut hast!

Schreib deinen Eltern einen Dankesbrief.

Mooooment – rümpfst du gerade die Nase? Dann gehen sie dir vielleicht im Moment gewaltig auf die Nerven? Hmm. Das kenne ich. Das gehört zu Eltern wohl einfach dazu.

Umso wichtiger ist es dann, sich ab und zu klarzumachen, was so richtig gut daran ist, dass man Eltern hat. Und wenn man konkret darüber nachdenkt, dann findet sich eine Menge Stoff, für den sie mal ein ganz echtes, ehrliches, ungezwungenes und unerwartetes Dankeschön verdient haben.

Immerhin haben sie dich wahrscheinlich als Baby gewickelt (iiiiigitt!), dich stundenlang umhergetragen, wenn du geschrieben hast, auf Schlaf und persönliche Ruhe verzichtet, vielleicht auch ein paar deiner Herzenswünsche erfüllt oder dich täglich mit Essen und Kleidung versorgt ...?

Probier's doch mal aus: Schreib auf, wofür du ihnen dankbar bist.

Vielleicht erntest du Staunen, vielleicht sogar ein paar Freudentränen. Aber bestimmt ein Dankbarkeitsgefühl, das sich in dir selbst breitmacht. Und das tut gut – gerade, wenn sie mal wieder nerven. ☺

Hab interessante Gedanken parat.

Es ist natürlich eine gute Idee, dir selbst zu überlegen, was du auf die Fragen von der vorigen Seite antworten würdest, falls dein Gegenüber zurückfragt ... ☺

Also los. Mach dir die lohnende Mühe und den Spaß!

Verbrenn den Gedankenmüll.

12

Achte heute mal auf deine Gedanken. Was kreist da so alles in deinem Hirn? Sind es negative Gedanken, dir die schlechte Laune machen oder die Freude nehmen wollen? Vielleicht entdeckst du sogar altbekannte, die sich immer wieder zeigen?

Du kannst entscheiden, ob sie das dürfen oder nicht. Schließlich bist du der Chef in deinem Kopf. Mach dir bewusst, welche Gedanken du aufhalten, verjagen oder vernichten willst.

Schreib diese Wort für Wort auf Zettel, verabschiede dich mit „Das war's für euch" und zünde sie an (am besten im Garten in einem Blecheimer oder einer feuerfesten Schüssel, damit deine Eltern keinen Schreck bekommen und du und ich keinen Ärger).

Oder falls du es weniger spektakulär magst: Notier sie auf Klopapier, sag: „Weg mit der Sch****", und spül sie runter.

Gib Freude-Feedback.

13

Wer hat dir in dieser Woche eine Freude gemacht oder dich ermutigt oder dich sonst irgendwie zu einer guten Sache angestiftet?

- **Versuch deine TOP 5 zu finden.**
- **Verschicke dann an diese Menschen eine Nachricht, um ihnen zu sagen, dass sie zu den Helden deiner Woche gehören!**

Vielleicht fragen sie nach, wieso. Dann hast du gleich noch eine Gelegenheit, Freude zurückzugeben. Denn die wird immer noch mehr, wenn man sie teilt!

Lass dich trösten.

Ist ja gar nicht immer so einfach ... Da muss man zugeben, dass man nicht weiterweiß und gerade schwach und verletzlich ist. Aber nur dann kann man getröstet werden und Trost empfinden. Deshalb: Trau dich, um Trost zu bitten.

Und falls grad niemand greifbar zur Stelle ist, kannst du dich auf himmlischen Beistand verlassen. Zumindest bestätigen das Menschen schon über Jahrtausende hinweg – und Gott selbst auch. Wie er das macht? Vielleicht legt der Unsichtbare ganz heimlich seinen Arm um dich, zählt jede einzelne deiner Tränen, schaut dir in die Augen und sagt für deine Ohren unhörbar, aber spürbar: Alles wird gut. Ich bin da. Ich kümmer mich. Du bist wunderbar.

Schön, oder? Dann stell es dir genau so vor.

Wirf deine Sorgen in den Himmel.

Hä? Wie soll das denn gehen? Man kann die ja nicht wie den Müll einfach in einen Sack stopfen, zur Tür raustragen und dann warten, dass ihn irgendwer entsorgt. Aber schön wäre es ja schon.

In der Bibel steht etwas, das dich ermutigen kann, das tatsächlich so zu machen:

Alle eure Sorge werft auf ihn; denn er sorgt für euch. (1. Petrus 5,7)

Darum sind symbolische Taten so toll. Sie helfen, das greifbar zu machen, was man nicht richtig sehen kann: Schreib deine Sorgen auf einen kleinen Zettel, besorg dir einen mit Gas gefüllten Luftballon, häng sie dran – und dann ab damit! Wenn du erwartest, dass Gott sein Versprechen hält, können erstaunliche Dinge geschehen ...

Lies dir Ermutigung an.

Gott sagt selbst, dass er der Tröster ist. Und manchmal braucht man sie einfach schwarz auf weiß. Die Worte, die Mut machen. Aus höchster Instanz. Damit man sie nachlesen kann. Voilà:

Gott segnet die, die traurig sind, denn sie werden getröstet werden.

MATTHÄUS 5,4

Ich selbst werde euch trösten, wie eine Mutter ihr Kind tröstet.

JESAJA 66,13

Ich will ihre Trauer in Freude verwandeln und will sie trösten. Ihren Kummer will ich wegnehmen und ihnen stattdessen Freude schenken.

JEREMIA 31,13

Ich sage dir: Sei stark und mutig! Hab keine Angst und verzweifle nicht. Denn ich, der Herr, dein Gott, bin bei dir, wohin du auch gehst.

JOSUA 1,9

Lerne Starkmacher auswendig.

21

26

Dann hast du sie immer im Kopf, wenn du dich klein und schwach fühlst. Unheimlich praktisch.

Nichts kann uns von seiner Liebe trennen. Weder Tod noch Leben, weder Engel noch Mächte, weder unsere Ängste in der Gegenwart noch unsere Sorgen um die Zukunft, ja nicht einmal die Mächte der Hölle können uns von der Liebe Gottes trennen.

RÖMER 8,38

Der Herr ist allen nahe, die verzweifelt sind; er rettet die, die den Mut verloren haben.

PSALM 34,19

Wenn Gott für uns ist, wer kann da noch gegen uns sein?

RÖMER 8,31

Träum dich ans Ende des Tunnels.

Das mit der Vorstellung ist nämlich so eine Sache:
Stell dir vor, wie es sein wird, wenn eine schwierige oder traurige Sache vorüber ist. Dabei lernt dein Gehirn, vorauszudenken und hinter die Dunkelheit zu gucken. Die Wahrscheinlichkeit ist groß, dass es ein Ende der traurigen Phase geben wird. Und das zu trainieren – sich etwas schön auszumalen und auf zukünftiges Gutes auszurichten – ist sogar gesund! Denn dadurch bilden sich in deinem Gehirn neue Verknüpfungen, die gute Gefühle im Gepäck haben. Und die sind ohne Frage Balsam für deine Seele.
Also los, nutze deine Fantasie. Dafür hast du sie bekommen. Tanke Kraft aus der guten Vorstellung. Deswegen heißt sie ja Vorstellungs-KRAFT.

Decke jemanden zu.

Weißt du noch? Von Mama und Papa zugedeckt zu werden, war wunderbar. Da fühlte man sich sicher und geborgen. Genau die Dinge, die man braucht, wenn alles um einen herum gerade im Chaos versinkt.

Um wen kannst du heute eine Decke legen? (Du kannst natürlich mit der guten Wolldecke von Opas Lesesessel in die Schule ziehen. Aber du darfst das auch symbolisch verstehen. 😊

Wer braucht eine kurze Umarmung, weil er traurig ist?

Manchmal ist gar nicht viel nötig. Und manchmal tröstet eine Geste mehr als viele Worte. Wie z.B. ein selbst verziertes Pflaster, ein knallgelbes Bonbon, ein Blümchen vom Gehweg …

Checke deinen Balsam-Faktor.

Was denkst du – wie gut bist du im Trösten, Beistehen und Aufmuntern?

Wie gut fällt es dir auf, wenn jemand traurig ist?

Hast du schnell irgendwelche Lösungen parat, die dir sinnvoll erscheinen, aber dem anderen nicht helfen?

Wie leicht fällt es dir, eine kurze Umarmung, einen warmen Händedruck, ein Lächeln oder eine andere Ich-bin-da-für-dich-Geste zu verteilen?

Überleg mal, wie du deinen Balsam-Faktor jeweils um einen Punkt erhöhen kannst. Frag bei anderen nach, wie sie das machen. Und guck dir ab, was dir gut gefällt.
Du bist schon am Maximum oder im oberen Drittel? Respekt! Wunderbar, dass du so guttust. Bleib so.

Pack eine Notfallbox.

Wenn man so richtig bekümmert und hoffnungslos ist, fällt die Stimmung in den Keller – und dann sitzt sie erst mal da unten fest. Von alleine kommt die Stimmung dann da nur schwer wieder weg, weil man zu traurig ist, um sich zu erinnern. All das Schöne, das es immer noch gibt, fällt einem einfach nicht mehr ein. Daher ist es gut, in besseren Zeiten vorzusorgen:

- **Besorg dir eine Box, einen Karton oder ein sonstiges Behältnis.**
- **Sammle alles zusammen, was dein Herz wärmt: Fotos von Freunden, die Lieblingsplaylist, ein Päckchen Kakaopulver für eine heiße Schokolade – was auch immer.**
- **Schreib die Gedanken, die gute Gefühle in dir hervorholen, auf einen Zettel und leg ihn dazu.**
- **Bewahr die Box an einem geheimen Ort für trübe Zeiten auf.**

Prima. Jetzt hast du einen Vorrat an Ideen, Anregungen und schönen Erinnerungen, die helfen, die Stimmung wieder ans Licht zu holen.

Verschenke
echte Aufmerksamkeit.

Du merkst, dass jemand nicht okay ist – und jetzt? Hier sind 4 praktische Schritte, mit denen du alles richtig machst:

1. **Frag: Bist du okay? (Wenn die Antwort ja ist, weiß der andere trotzdem, dass du jemand bist, der sich kümmert. Daumen hoch!)**
2. **Lade dein Gegenüber ein, dir zu erzählen, was los ist. Höre ehrlich zu. Nimm das, was du hörst, ernst und unterbrich nicht. Bewerte nicht. Wenn er Zeit zum Nachdenken braucht, kannst du auch einfach ein bisschen mitschweigen.**
3. **Ermutige sie oder ihn, etwas zu tun. Frag z.B.: Was hat dir bisher in solchen Situationen geholfen? Was kann ich für dich tun? Wie kannst du dir selbst etwas Gutes tun?**
4. **Das ist das Wichtigste: Frag in ein paar Tagen oder nach einer Woche nach, damit klar ist, dass du dich ehrlich interessierst und nicht nur neugierig warst. Sag so etwas wie: Ich hab an dich gedacht und wollte mal hören, wie es dir mittlerweile geht.**

Ehrliches Interesse und Zeit zum Zuhören kann die ganze Welt des anderen verändern. Wenn du das tust: Applaus dem Champion!

Leg dir einen Hoffnungsakku zu.

Um in dunklen Zeiten nicht zu verzweifeln und aufzugeben, muss man an etwas Größeres glauben als sich selbst. Deshalb:

- **Finde so viele Menschen wie möglich, die glauben.**
- **Frag sie nach ihrer Hoffnung.**
- **Finde heraus, was ihnen Kraft gibt, wenn sie am Ende sind.**
- **Bohr nach, wenn dir etwas unklar ist**

Und dann bewahre die Erkenntnisse und Gedanken, die deine Hoffnung wecken, in dir drinnen gut auf. Vielleicht tust du so, als hättest du einen inneren Akku für Hoffnungsenergie, auf den du sie rauﬂaden kannst. Oder eine Art Vorratskammer, in der du sie speicherst. Sodass du gut versorgt bist für Zeiten, in denen du Kraft und Zuversicht brauchst, um durchzuhalten.

Rede mit Gott.

Er glaubt an dich. Er mag dich wahnsinnig gern. Und nicht nur an deinen guten Tagen. Du kannst machen, was du willst: Er liebt dich. Bedingungslos. Und er wäre gerne Teil deines Lebens.
Mit so jemandem unterhält man sich doch ganz gerne, oder?

Dann sprich mit ihm. Verabrede dich mit ihm wie mit einem Freund – und erzähl ihm, was dich gerade beschäftigt, was dich freut und traurig macht. Und bitte ihn, dich so aufmerksam zu machen, dass du es mitbekommst, wenn er dir antworten möchte.

Wenn du noch keinen Schimmer davon hast, dass Gott gerne Teil deines Alltags wäre, und du auch gar nicht weißt, wieso das so lebensverändernd sein kann, dann kannst du hier gucken: thefour.com. Da wird das in vier Mini-Videos (mit charmantem Schweizer Akzent ;-) kurz und klar erklärt.

Rede über Gott.

Vielleicht hast du schon einen Draht zu Gott? Fabelhaft. Dann mach dir mal wieder bewusst, warum er deinem Leben mehr Wow verleiht:

- mehr Hoffnung und Zuversicht
- mehr Kraft
- mehr Frieden und Gelassenheit
- mehr Sinn
- mehr Freude
- mehr Vergebungswillen
- mehr Selbstbewusstsein
- mehr Da-ist-immer-jemand-bei-mir-Gewissheit
- mehr Liebe

Und jetzt nimm dir vor, jemandem davon zu erzählen. Jemandem, der Gott noch nicht so kennt. Denn Gutes will geteilt werden …

Such die Schokoladenseite.

Neigst du auch dazu, jemanden als kompletten Idioten abzustempeln, wenn er dich mal wieder nervt, ärgert oder verletzt hat? Total normal. Geht fast jedem so.

Aber es gibt immer zwei Seiten. Jeder hat auch etwas Gutes an sich. Und das verschwindet auch nicht, nur weil mal wieder das schlechte Verhalten durchgekommen ist. Wir kommen aber alle leichter miteinander aus, wenn wir uns ab und zu auch die guten Dinge des anderen wieder bewusst machen. Dabei geht es nicht darum, die doofen Seiten zu ignorieren. Aber versuch mal, bewusst auf die andere Seite des Menschen zu sehen, der dir den Tag versaut hat. Auf seine Schokoseite.

Und dann schockiere ihn mit deiner guten Seite: Schenk ihm einen Schokoriegel, wenn du dich traust! ☺

Lob mal wieder.

„Boooah ... das hast du aber gut gemacht!"

Wenn dieser Satz von Herzen kommt, kann er einen innerlich aufrichten. Deswegen sieht auch fast jeder, dem er gesagt wird, danach ein kleines bisschen größer aus.

Wen kannst du heute mit einem ehrlichen Lob ein bisschen aufrichten? Deinen Dönermann um die Ecke, weil er die besten Teigtaschen weit und breit macht? Die Verkäuferin beim Bäcker, weil sie auch bei der längsten Schlange freundlich bleibt? Deinen kleinen Bruder, weil er dich mit seinem Blödsinn auf andere Gedanken bringt, wenn du schlecht drauf bist?

Mach in ihrer Welt einen Unterschied und make their day!

Behandle die Doofen wie Freunde.

Schon mal ne Liste mit allen Leuten gemacht, die du doof findest? Na, los.

Nina Hannah
Emely Helena
Cindy

Und jetzt mach noch ne Liste mit all den Gesten von anderen, die dir das Gefühl geben, dass du gemocht wirst und liebenswert bist, so wie du bist.

1. Leonie   • Dyddi
2. Jojo   • Rebecca
• Anni   • Marina

Jetzt brauchst du nur noch einen Würfel: Überleg dir, welchen von den doofen Leuten du als Erstes als Freund behandeln willst – und würfel los. Die Zahl, die du würfelst, zeigt dir an, mit welcher Freundschaftsgeste du dein erstes „Opfer" beschenkst.

Denn: **„Wenn ihr nur zu euren Freunden freundlich seid, wodurch unterscheidet ihr euch dann von den anderen Menschen? Das tun sogar die, die Gott nicht kennen."** (Matthäus 5,47)

Sich dafür zu entschließen, auch denen, die man nicht so richtig mag, mit Freundlichkeit zu begegnen, ist eine echte Herausforderung. Und sie kann Wunder wirken, was die Stimmung angeht.

Lerne Namen.

Lerne die (Vor-)Namen der Menschen kennen, die du oft triffst, aber nicht zu deinen Freunden zählst: dein Nachbarn, dein Busfahrer, deine Kassiererin im Laden um die Ecke …

Mach dir zum Ziel, dass sie sich freuen, wenn du auftauchst, weil sie mit dir Freundlichkeit und angenehme Momente verbinden. Das erreichst du ganz leicht, indem du ihnen mit Herz und Humor begegnest. Dann ergibt sich das mit dem Namen auch wie von selbst. Und sonst einfach freundlich fragen – und sie beim nächsten Mal dann persönlich mit Namen ansprechen!

Mach eine Liebeserklärung.

Sag den Menschen, die du magst, liebst, die dich begeistern und bei denen dein Herz warm wird, einfach mal wieder, was sie dir bedeuten.

Okay, das ist noch leicht. Jetzt kommt das nächste Level:

Sag es ihnen auch, wenn sie dich enttäuscht haben, gerade schlecht drauf sind oder dir aus irgendwelchen Gründen im Moment nicht die Unterstützung sein können, die du dir wünschst. Denn Liebe ist bedingungslos. Das bedeutet, dass du dich entscheidest, auch zu diesen Menschen zu stehen, wenn sie gerade unausstehlich sind.

Denn jeder ist mal unausstehlich. Und dann tut es einfach gut, wenn man hört, dass das nichts am eigenen Wert ändert, stimmt's? Hau deswegen dann nicht noch drauf, sondern sag:

Ich mag dich auch so.

Oder steck ihnen einen Warme-Dusche-Zettel zu.
▷ *Siehe Idee #74 Setz die Herzchenbrille auf*

Überrasche jemanden.

Und zwar einfach so. Weil überrascht zu werden genauso schön ist, wie die Ursache für so etwas Schönes zu sein.

Wen könntest du zum Strahlen bringen, der es überhaupt nicht von dir erwartet? Vielleicht den Lehrer in der ersten Stunde am Montag, dem du einen Coffee-to-go mitbringst? Den, der dich besonders langweilt oder nervt? Dann ist er der Richtige!

Freue dich ausgiebig, dass du höchstpersönlich die Welt eines Menschen für einen Moment heller gemacht hast.

Steck dich bei jemandem an.

Und zwar bei einem Menschen, der den Freudevirus hat!

Such dir jemanden, der die Zuversicht gepachtet zu haben scheint, der Freude ausstrahlt und dem so schnell nichts die Laune verderben kann.

Frag ihn, wie er das macht. Wo es doch sooo viele Dinge gibt, über die man sich ärgern kann! Finde heraus, was er anders macht, denkt, sagt und tut als du. Und dann lass deine Erkenntnisse in dein Herz und Hirn plumpsen und stell dir vor, wie sie von dir Besitz ergreifen und sich wie ein gesunder Virus in dir ausbreiten ... und mach's ihm nach!

Denn dann kannst du eigentlich gar nicht mehr anders, als mit seiner Einstellung durch den Tag zu springen. Du hast dich mit etwas ganz Gutem angesteckt!

Verstrahl andere.

Es gibt Menschen, die haben so viele Eisklötze in sich gebunkert, dass man sich in ihrer Nähe eine Erkältung zuziehen könnte. Dreh den Spieß um und mach es anders! Tau sie auf mit deiner Wärme. Verstrahl sie mit Freundlichkeit. Versprüh den Duft unverwüstlicher Fröhlichkeit. Hau sie mit kleinen liebevollen Überraschungsattacken um! Hier kannst du diverse Ideen sammeln, die dir einfallen – finde zu jedem Buchstaben eine!

A ausergewöhnlich
B ezaubernd
C cool
D isziplieniert
E inzigartig
F reundlich
G roßartig
H übsch
I ntelligent
J
K lug
L ustig
M ega
N iedlich
O berhammer
P erfekt
Q
R ücksichtsvoll
S uper
T oll
U nausstehlich
V errückt
W undervoll
X
Y
Z uverlässig

Und warum? Weil du davon auch was hast:

„Lasst uns aber Gutes tun und nicht müde werden; denn zu seiner Zeit werden wir auch ernten, wenn wir nicht nachlassen."
(Galater 6,9)

Teste die Wirkung deines Lächelns.

- Guck jeden Griesgram, der dir begegnet, freundlich an. Lächle ihm so lange zu, bis er zurücklächelt.
- Zwinker dir selbst im Spiegel zu. Hebt nachweislich die eigene Stimmung!
- Wenn gar nix geht: Schieb dir einen Stift quer zwischen die Zähne und warte so lange, bis dein Gehirn versteht, dass dein Gesicht lächelt und deshalb Glückshormone ausschüttet. Wobei nicht immer klar ist, ob die neuronale Verknüpfung der aktiven Gesichtsmuskeln mit dem Gehirn dafür verantwortlich ist – oder der Lachanfall, den man bekommt, weil man so albern aussieht. Aber egal, wie: Hauptsache es wirkt, oder?! 😊

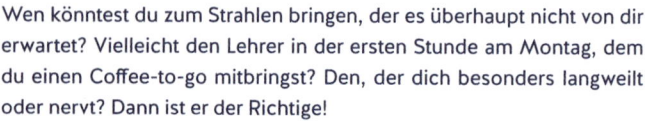

Überrasche jemanden.

Und zwar einfach so. Weil überrascht zu werden genauso schön ist, wie die Ursache für so etwas Schönes zu sein.

Wen könntest du zum Strahlen bringen, der es überhaupt nicht von dir erwartet? Vielleicht den Lehrer in der ersten Stunde am Montag, dem du einen Coffee-to-go mitbringst? Den, der dich besonders langweilt oder nervt? Dann ist er der Richtige!

Freue dich ausgiebig, dass du höchstpersönlich die Welt eines Menschen für einen Moment heller gemacht hast.

Sei der beste Freund, der du sein kannst.

Es schlägt die Stunde der Wahrheit.

Wie viel Zeit und Qualität investierst du in deine Freundschaften?

NULL ① ② ③ ④ ⑤ ⑥ ⑦✗ ⑧ ⑨ ⑩ VIEL

Wie offen und ehrlich ist dein Umgang mit deinen Freunden wirklich?

GAR NICHT ① ② ③ ④ ⑤ ⑥ ⑦ ⑧ ⑨✗ ⑩✗ SEHR

Dürften dich deine Freunde auch nachts anrufen, weil sie wissen, dass du ihnen beistehst?

NO WAY ① ② ③ ④ ⑤ ⑥ ⑦ ⑧ ⑨ ⑩✗ NA KLAR

Wie sehr kannst du dich mitfreuen, wenn es um etwas geht, das du selbst gerne erreicht/getan/erlebt hättest?

GAR NICHT ① ② ③ ④ ⑤ ⑥ ⑦✗ ⑧ ⑨ ⑩ SEHR

Wie gut kannst du vergeben?

GAR NICHT ① ② ③ ④ ⑤✗ ⑥ ⑦✗ ⑧ ⑨ ⑩ SEHR GUT

Wie verlässlich und verbindlich bist du?

GAR NICHT ① ② ③ ④ ⑤ ⑥ ⑦ ⑧✗ ⑨ ⑩ SEHR

aktiv, angenehm, anmutig, abenteuerlustig, ausgeglich
aufgeweckt, aufgeschlossen, amüsant, aufmerksam, analytis
aufrichtig, ausdauernd, achtsam, bedacht, barmherzig, beher
begeisternd, behutsam, belastbar, bescheiden, besonnen, beständ
charismatisch, charmant, clever, couragiert, chic, charaktersta
cool, dankbar, diplomatisch, diskret, direkt, diskussionsfreud
diszipliniert, durchschauend, durchsetzungsstark, engagie
entscheidungsfreudig, ehrlich, empathisch, einnehmer

LIEBE & LEIDENSCHAFT

43

Mach ein Kompliment.

Erst dir selbst: mit Worten, die deine Eigenschaften beschreiben, Stärken mobilisieren und dir guttun.
Dann einem anderen. Zutreffendes einfach umkringeln.

einfühlsam, echt, edel, experimentierfreudig, emotiona
erfinderisch, erfrischend, erstaunlich, exzellent, extrovertier
fantasievoll, fröhlich, freundlich, fair, fleißig, flexibel, feinfühli
gerecht, geduldig, geheimnisvoll, geistreich, gelassen, gemütlic
genial, gescheit, genügsam, gesellig, gesprächig, gewie
gewinnend, gläubig, gnädig, großherzig, harmonievoll, heilsa
heimatverbunden, heiter, heldenhaft, herzensgut, herzerfrischen
herzlich, hilfsbereit, hingebungsvoll, höflich, hoffnungsvo
humorvoll, interessiert, intelligent, idealistisch, ideenreic
individuell, inspirierend, integer, introvertiert, komödiantisc

..k, klar, konstruktiv, kommunikativ, lässig, lebensfroh, lebhaft, ..htfüßig, leidenschaftlich, leistungsstark, lernwillig, liebenswert, ..evoll, locker, lösungsorientiert, loyal, lustig, mitfühlend, ..teilsam, modisch, motivierend, motiviert, mütterlich, munter, ..sikalisch, mutig, nachdenklich, nachgiebig, nachsichtig, natür-..h, naturverbunden, nett, neugierig, niedlich, nüchtern, objektiv, ..en, offenherzig, optimistisch, ordentlich, ordnungsliebend, ..anisiert, originell, praktisch, positiv, poetisch, pragmatisch, ..rsönlich, philosophisch, präzise, produktiv, packend, ..änomenal, quietschfidel, quirlig, querdenkend, rebellisch, ruhig, ..e, rasant, reflektierend, respektvoll, realistisch, romantisch, ..selustig, redselig, ritterlich, rücksichtsvoll, raffiniert, sanft, ..bstbewusst, sicher, sauber, sympathisch, schnell, schützend, ..rgfältig, superlieb, stark, strukturiert, sozial, treuherzig, ..htig, tugendhaft, tierlieb, tolerant, toll, tollkühn, tough, ..nsparent, traumhaft, treu, unternehmungslustig, umgänglich, ..glaublich, ulkig, unverwechselbar, umwerfend, unübertrefflich, ..teilsfähig, überlegt, verständnisvoll, vertrauenswürdig, ..rtrauensvoll, vielseitig, vermittelnd, verbindend, vorangehend, ..rantwortungsvoll, vital, vorbildlich, verträumt, vergnügt, ..llensstark, warmherzig, weise, wild, wertvoll, würdevoll, ..ndelbar, wortgewandt, wunderschön, weltoffen, zäh, zärtlich, ..verlässig, zart, zielstrebig, zuversichtlich, zauberhaft.

Geduld & Ausdauer

Zähle bis zehn.

Wenn du eigentlich gleich lospoltern, zurückpampen oder gegenanfauchen willst, weil dich irgendwer nervt oder aufregt, dann zähle erst einmal bis zehn. Sage die Worte NICHT, die dir auf der Zunge liegen und die aus deinem Mund rauswollen. Zähle bis zehn. Warte ein bisschen ab. So lange, bis du den Druck in dir etwas ausgeglichen hast und versöhnlichere Worte mit weniger Gezische rausbringen kannst. Beim ersten Mal ist es noch ungewohnt, aber dann geht's immer leichter.

Für weniger Feuer im Miteinander.

Atme die Ungeduld weg.

Kannst du auch schlecht abwarten? An der Kasse. An der Ampel. Wenn jemand „Erst mal nicht" sagt. Hm?

Dann lass die Ungeduld raus. Atme mehrfach kräftig aus. Wenn du alleine bist, dann schnauf so richtig laut. Oder schüttel sie aus dir raus, indem du ein paar Mal heftig auf der Stelle hüpfst. Warte noch zwei Minuten ab – und dann sag dir, dass manches einfach dauert und du die Zeit genauso gut genießen kannst. Wenn du das schaffst, hast du schon mehr Geduld bewiesen als vorher. Glückwunsch!

Leiste Widerstand.

Und zwar gegen deine Bequemlichkeit. Denn der Weg des geringsten Widerstands führt am Ende – also langfristig gesehen – nur zu ganz viel Unzufriedenheit. Und wer will schon unzufrieden sein? Eben.

Also auf, sei rebellisch – deinen Werten und Zielen zuliebe – und trainiere deine mentalen Muskeln, um deine trägen Seiten zu überwinden:

- Findest du etwas gut, das aber bei deiner Clique nicht gerade angesagt ist? Dann knick nicht ein, sondern steh trotzdem zu deiner Meinung!
- Wird jemand von der Mehrheit gemobbt – und du könntest ihm helfen und für ihn einstehen? Tu es!
- Dir gelingt etwas nicht gleich? Dann lass dich von deinem Frust nicht gleich in die Flucht schlagen. Gib nicht auf, sondern versuch es weiter! Auch heute noch macht Übung den Meister.
- Du spürst in dir den Drang, etwas gar nicht erst zu versuchen, weil du glaubst, du schaffst es eh nicht? Nun. Dann wirst du recht behalten … Aber mach es doch mal anders: Fordere dich selbst heraus, trau dir was zu, hol dir Hilfe – und entdecke, wie viel Spaß es macht, etwas zu schaffen, von dem man nicht geglaubt hat, dass man es hinkriegt …

Und wenn du eine Trainingseinheit hinter dir hast: Genießen nicht vergessen! Denn du bist auf dem besten Weg, Durchhaltevermögen zu entwickeln. Und diese Fähigkeit bringt dich fast überall hin. Du wirst sehen. Und dann kannst du andere anspornen, weil du weißt, wie es geht. Yippiie!

Stähle deinen Charakter.

Wer einen tollen Körper (behalten) will, muss trainieren. Wer einen tollen Charakter will, auch. Deswegen üben wir, die Ungeduld und die Wut zu zähmen:

Finde heraus, welche Situationen dich auf die Palme bringen, und überlege dir, welcher Gedanke dir helfen könnte, ruhiger zu reagieren. Vielleicht: „Wenn ich ruhig reagiere, finde ich mehr Gehör." Oder: „Ich lass mich nicht aus der Fassung bringen. Noch mehr negative Energie nützt niemandem." Hast du deinen Satz gefunden, dann mache eine Woche lang morgens 10 Liegestütze (oder kneif die Pobacken 10-mal zusammen, wenn du Zähne putzt), während du bei jedem Mal deinen neuen Satz in Gedanken wiederholst …

Denn was wir denken, bestimmt, wie wir uns fühlen. Und kommt dann ein echter Auf-die-Palme-Moment, ist dein Gehirn schon vorbereitet, etwas anderes zu denken – und mehr Gelassenheit und Geduld zu fühlen! Cool.

Wer seinen Zorn zügelt, besitzt viel Verstand; wer aber jähzornig ist, begeht große Dummheiten.

SPRÜCHE 14,29

Werde ein großartiger Zuhörer.

48

Gute Zuhörer sind rar geworden. Weil sich kaum einer mehr die Zeit nimmt, die dafür nötig ist.

Mach es besser. Geh mit gutem Beispiel voran: Höre heute aufmerksam hin, wenn dir jemand etwas erzählen möchte. Höre richtig zu. Und noch mal: nicht unterbrechen. Einfach mal nur lauschen. Und nicht innerlich mit den Fingern trommeln. Denn der andere ist wichtig.

Dankeschön.

Lerne etwas Schwieriges.

Chinesisch. Einradfahren. Zehnfingertippen. Nicht mehr lästern. Was auch immer:

49

Beiß dich durch.

Und freu dich, dass du dabei lernst, nicht so leicht aufzugeben, an etwas dauerhaft dranzubleiben und zu spüren, wie es ist, langen Atem zu haben. Diese Erfahrung wird dir für alles nützen, was wichtig und bedeutsam ist. Denn nichts, was wirklich etwas wert ist, ist leicht zu haben.

Engagiere einen Fanclub.

Gemeinsam ist vieles leichter. Vor allem durchhalten, wenn man eigentlich am liebsten aufgeben will. Manche Vorhaben schafft man nur mit Unterstützung. Und es wäre fahrlässig, sich die dann nicht zu besorgen.

Daher überleg dir jetzt, welche Sätze du hören musst, damit du weitermachst. Was feuert dich so richtig an? Was holt noch mal alles aus dir raus? Was hilft dir, deinen Schweinehund zu überwinden?

Wenn du das hast, dann

- trommel ein paar deiner Lieblingsleute zusammen.
- sag ihnen, was sie dir sagen sollen, wenn du bei deinem Vorhaben schlappmachst.
- nimm ihnen das Versprechen ab, dass sie dir dann genau das auch wirklich sagen.
- versprich du ihnen im Gegenzug, dass du dich dann nicht beleidigt zurückziehst, sondern tun wirst, was sie sagen, und durchziehst!

Leg dir innere Cheerleader zu.

Wenn das aus irgendeinem Grund mit deinen Freunden nicht geht (oder du gerne diesen Fanclub immer dabei hättest), dann bastel dir deine imaginären Anfeuerer. Fantasiere dir einfach ein paar liebenswerte Wesen zusammen, die dann auf Abruf in deiner Vorstellung auftauchen und dich aus Leib und Seele mit den Worten, die du hören musst, voranjubeln.

Tschakka!

Bring anderen etwas bei.

Und zwar geduldig!

Wenn es mal wieder länger dauert, iss erst mal einen Schokoriegel ☺ – und erinnere dich daran, wie gut es tut, wenn dir jemand beisteht und dir die Zeit lässt, die du brauchst.

Und am Ende ist für euch beide mehr Geduld drin.
Ein echtes Win-win. Wunderbar.
▷ *siehe Idee #68 Werde ein Mentor*

Nimm Kritik an.

Uuuuuaah. Das ist ja nicht gerade angenehm: Niemand bekommt gerne gesagt, was er falsch gemacht hat.

Aber wenn man lernt, so eine Rückmeldung als Hilfe anzusehen, was man beim nächsten Mal besser machen kann, dann ist es gar nicht mehr so schlimm. Dann lernt man einfach draus und kann sich beim nächsten Mal über den eigenen Erfolg freuen!

Das, was daran wehtut, sind nur ganz normale Wachstumsschmerzen, weil der Charakter wächst. Das Schöne: Man wird auch wirklich der fantastische Mensch, der man sein kann!

Also versuche immer wieder,

- **Kritik in Ruhe erst einmal nur anzuhören,**
- **zu überlegen, was davon stimmt und was nicht,**
- **dir dann die besten Infos zur Veränderung zu merken und den Rest zu vergessen**
- **und sie beim nächsten Mal auszuprobieren.**

So kommst du persönlich am weitesten!

Nimm dir Zeit.

Wenn dich heute WhatsApp, Facebook und alle vermeintlich dringenden, aber nicht wichtigen Dinge hetzen wollen, dann lass es besonders ruhig angehen und biete dem Stress die Stirn:

- Gehe langsam.
- Halte inne.
- Atme tief durch.
- Schließe die Augen.
- Hör auf deinen Herzschlag.
- Lass alle Gedanken weiterziehen.
- Und lass die Welt eine Runde aussetzen.

Güte & Hilfsbereitschaft

Hilf jemandem aus der Patsche.

Öffne dem Hungrigen dein Herz und hilf dem, der in Not ist. Dann wird dein Licht in der Dunkelheit aufleuchten und das, was dein Leben dunkel macht, wird hell wie der Mittag sein.

JESAJA 58,10

Wir alle brauchen ab und zu jemanden, der uns seine Hand reicht. Wem kannst du heute aus der Patsche helfen? Halte nach so einem Menschen Ausschau und deine Hand zum Ausstrecken bereit.

Mach in den Ferien einen Hilfseinsatz.

So was Aufregendes (und nicht ganz Günstiges) wie Brunnengraben in Somalia oder Hüttenbauen in Tahiti kannst du dir für die Zeit aufheben, wenn du 18 geworden bist. Aber auch jetzt schon gibt es tolle Möglichkeiten, bei einer guten Sache mit anzupacken. Google mal, was an deinem Ort an Hilfsprojekten läuft, und finde heraus, wo du mitmachen kannst. Du wirst feststellen, dass Helfen ungeheuer Spaß machen kann. Weil man merkt, wie wichtig das ist, was man tut!

PS: Für Mama den Müll raustragen? Neeneenee ... das zählt nicht. Das kommt noch. ☺

Lerne einen Obdachlosen kennen.

„Dass ich dir begegnet bin, war heute echt das Beste an meinem Tag. Die meisten Leute behandeln mich nicht wie einen Menschen. Die gucken mich ja nicht einmal an! Danke …"

Ich weiß nicht mehr, wer von uns beiden sich mehr freute. „Mein" Obdachloser – oder ich. Und dabei bin ich wirklich keine Heldin, was so etwas angeht. Ich hatte die Hosen voll, als ich ihn in ein Café einlud! Aber es war die Erfahrung wert, wie unverschämt simpel es ist, jemandem mit Aufmerksamkeit ein wenig Würde zu schenken und damit seinen Tag zu retten.

Gibt es in deinem Ort, vor deiner Schule oder an deiner Bushaltestelle auch einen Obdachlosen, der dort immer sitzt? Trau dich, ihn kennenzulernen:

- **Frag ihn nach seinem Namen.**
- **Frag ihn nach seiner Geschichte.**
- **Hör ihm zu.**
- **Was würde er in seinem Leben gerne ändern?**
- **Bring ihm ein Wurstbrötchen oder eine Banane mit.**

Behandel ihn mit Respekt.
Am besten machst du das mit jemandem zusammen, damit deine Eltern keinen Schreck bekommen, wozu dich dieses Buch so anstachelt. Du kannst dir auch die Adresse der Heilsarmee deines Ortes raussuchen – dort bekommt er ein Bett, eine Dusche und ein warmes Essen, wenn er mag. Oder du lädst ihn in deine Kirchengemeinde ein. (Aber bitte nur, wenn du dir sicher bist, dass er dort auch wirklich freundlich aufgenommen wird.)

Gib deinen Nachbarn deine Nummer.

Falls mal ein Notfall eintritt. Oder auch einfach nur so. So richtig schön auf einer Karte, die man höchstpersönlich mit einem Lächeln und einem warmen Händedruck überreichen kann: „Wenn Sie mal Hilfe brauchen."

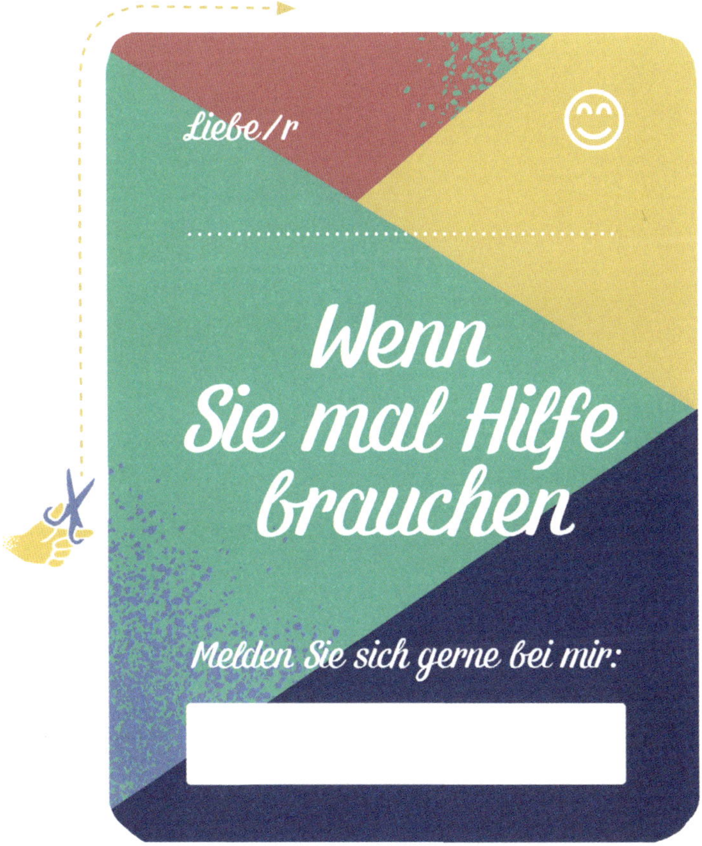

Unterstütze ein Patenkind.

Zu teuer? Nicht wirklich.

Frag doch ein paar deiner Freunde, ob ihr nicht gemeinsam für ein oder zwei Kinder eine Rettungsinsel sein wollt: Schon für 30 € im Monat kannst du dafür sorgen, dass ein Kind zur Schule geht und jeden Tag eine warme Mahlzeit bekommt – zum Beispiel über World Vision oder Compassion!

Tu deiner Umgebung etwas Gutes.

Bring das Leergut weg (Helden machen so was ungefragt, ist klar).

Finde heraus, wann die Mülltonnen geleert werden, und stell auch die deiner Nachbarn an die Straße.

Trag einer alten Dame den Einkauf vor die Tür, zum Auto oder die Treppe hinauf.

Zeig zu Hause Herz.

Hinterlass das Bad für deine Geschwister und Eltern sauber (... und nein, auch wenn du morgens als Letztes drin bist: Es gibt IMMER jemanden, der nach dir reingeht ...).

- ○ *Haare aus dem Abfluss nehmen*
- ○ *Zahnpastareste aus dem Waschbecken wischen*
- ○ *Toilettenpapier nachfüllen*
- ○ *Nette Post-it-Nachrichten für den nächsten Badbesucher an den Spiegel kleben*
- ○ ....
- ○ ....

Schaffst du es, deine Familie mit deiner Aufmerksamkeit sprachlos zu machen?

Verschenke etwas, das ein anderer nötiger braucht als du.

Abgeben ist gar nicht so leicht. Deshalb muss man das üben:

Gib etwas Gutes weg.

Was ist nice to have, aber mehr, als du brauchst? Such die guten Sachen zusammen, die du abgeben könntest. Dann kannst du dich innerlich schon mal verabschieden – und es fällt dir leichter, wenn es so weit ist.

Warum solltest du überhaupt etwas weggeben? Weil großzügige Menschen super sind. Selbst schon mal erlebt? Na also. Sei ein bisschen Himmel für jemand anderen. Außerdem lebt es sich befreiter, wenn man nicht so viel Konsumkram bunkert. Probier es aus. Ein gutes Gefühl!

Erwarte nichts (zurück).

Egal, ob du etwas Wertvolles verschenkst, jemandem hilfst oder dich überwindest, zu einem verbiesterten Menschen nett zu sein – erwarte nichts zurück! Denn ein Geschenk, auf das eine Gegenleistung folgt, ist gar kein Geschenk, sondern bloß ein Deal.

Bring die Welt mit deiner Bedingungslosigkeit aus der Fassung. Damit rettest du den Glauben der anderen ans Gute. Kannst stolz auf dich sein!

Sei nett.

Wer hat eigentlich damit angefangen, dass nett die kleine Schwester von sch*** ist? Na, egal. Wir wissen es besser: Nette Menschen machen das Leben nicht ätzender, sondern angenehmer. Gedisse, Gemotze, schlecht gelauntes Rumgeblubber und böse Blicke vergiften Laune und Leben. Sei das Gegengift und versprühe ein bisschen Freundlichkeit:

Stell dir vor, du duschst am Morgen nicht mit Wasser, sondern mit einer Wunderlösung, die dich verfreundlicht: Schluck die bissige Antwort runter, wenn andere dir dumm kommen. Entscheide dich, drüber hinwegzugehen. Egal, was passiert, zieh es durch. Mach ein Spiel draus – und beobachte, ob nicht vielleicht etwas sehr Erstaunliches passiert und du zum positiven Stimmungsregler, Friedensstifter oder Stressfresser für andere wirst.

Standing Ovations!

Kenne deinen Wert.

Ich hoffe, du hast das schon mal gehört: Egal, wie viel Bockmist du verzapft hast und wie unperfekt du auch bist, das ändert nichts daran, dass du einen ungeheuren Wert hast.

Das ist wie mit einem 500-Euro-Schein: Der kann total dreckig, zerknittert und sogar eingerissen, bepinkelt oder sonst wie entstellt sein. Aber ändert das etwas an seinem Wert? Genau.

Und so ist das mit dir auch. Egal, wie herablassend andere dich behandeln, egal, was du gesagt bekommst, egal, wie du dich benimmst: Niemand kann dir deinen Wert nehmen.

Warum ist es wichtig, das zu wissen? Weil es alles ändert, wenn du glauben kannst, dass du von Gott persönlich gemacht, geliebt und gesehen bist. Für alle Zeiten. Unwiderruflich. Darauf kannst du dich ausruhen, wenn man dich fertigmachen will. Es gibt dir Wert, wenn man dich ausnutzen will. Kraft, wenn du nicht weiterweißt. Freude, weil du mit Gott an deiner Seite nie einsam sein wirst. Ziemlich viele gute Zutaten, um das Leben zu meistern, selbst wenn alle gegen einen sind, oder?

Daher: Halt dir den Euro-Schein vor Augen. Und vergiss nicht, was du wert bist.

RESPEKT

Kleide dich in Würde.

Du hast alles in mir geschaffen und hast mich im Leib meiner Mutter geformt. Ich danke dir, dass du mich so herrlich und ausgezeichnet gemacht hast! Wunderbar sind deine Werke, das weiß ich wohl. Du hast zugesehen, wie ich im Verborgenen gestaltet wurde, wie ich gebildet wurde im Dunkel des Mutterleibes. Du hast mich gesehen, bevor ich geboren war. Jeder Tag meines Lebens war in deinem Buch geschrieben. Jeder Augenblick stand fest, noch bevor der erste Tag begann.

PSALM 139,13-16

Noch Fragen? 😊
Das ist doch mal einen eigenen Shirt-Aufdruck wert.
Bitte schön, hier die Vorlage:

One of a Kind DESIGNER BABE

RESPEKT

Stempel dich ab.

Kennst du das – man hat immer was am eigenen Aussehen rumzunörgeln?

Die Haare liegen nicht, der Pickel an der Stirn nervt, die Beine sind nicht so durchtrainiert, wie man möchte, die Haut ist viel zu blass und überhaupt wäre man total gerne ganz wer anders!

Newsflash: Andere gibt es schon genug! Du bist einzigartig auf dieser Welt!

Deswegen versuch doch mal, die Stellen und Merkmale an dir zu entdecken, die dir gut gefallen! Denn sowieso ist Schönheit ein Mix aus Aussehen, Ausstrahlung, Charakter und Lebenseinstellung. Mit dieser Definition fällt dein eigenes Urteil bestimmt ganz anders aus, oder? Mach den Check und verpass den tollen Stellen und Merkmalen an dir einen Smiley:

Das ist schön, super und besonders an mir:

- ○ meine Haarfarbe
- ✗ meine Augenfarbe
- ○ meine Grübchen
- ✗ meine Nase
- ○ meine Sommersprossen
- ○ meine Zähne
- ○ meine Lippen
- ○ meine Gesichtsform
- ○ mein Hals
- ○ meine Schultern
- ○ meine Arme

- ○ meine Handgelenke
- ✗ meine Finger
- ○ mein Oberkörper
- ✗ meine Taille
- ○ meine Waden
- ○ meine Füße

- ✗ meine Figur
- ○ ....

RESPEKT

Werde ein Mentor.

Kannst du dich an etwas Tolles erinnern, das dir jemand anderes beigebracht hat? Mach dir bewusst, was du gut kannst:

Traumhaft schön Geschenke verpacken? Einen Zaubertrick? Feuer machen ohne Feuerzeug? Einrad fahren? Bei Streit vermitteln?

Jeder hat was zu geben. Überleg dir, was du an andere weitergeben kannst. Und dann finde jemand Jüngeren, dem du genau das beibringen kannst. Das schult die Füreinander-da-Fähigkeit, macht Spaß und du lernst selbst schon etwas über Führungskompetenzen. ☺

Stelle dir ein Zeugnis aus.

RESPEKT

Natürlich keines, in denen deine Leistungen bewertet werden, sondern eines, das deine tollen Eigenschaften und Merkmale hervorhebt!

- mein tolles Lachen
- meine Geduld
- mein Organisationstalent
- meine Genauigkeit
- meine Liebe zum Detail
- mein Frohsinn
- meine Hilfsbereitschaft
- meine Furchtlosigkeit
- mein Mut
- meine Treue
- meine Fantasie
- meine Aufgeschlossenheit
- meine Ehrlichkeit

RESPEKT
70

Tanke Weisheit.

Besuche einen älteren Menschen aus deinem Bekanntenkreis und frage ihn, was die wichtigste Lektion des Lebens ist, die er gelernt hat, und welchen Lebensrat er dir geben würde und warum.

Das Tolle an den Erkenntnissen anderer: Man muss ihre Fehler nicht wiederholen!

PS: Wer keinen Menschen findet, kann im biblischen Buch der Sprüche einen Haufen gesammelter Erkenntnisse entdecken, die das Leben erleichtern. Guter Lesestoff!

Bitte um eine warme Dusche.

RESPEKT
71

Das ist nix für Warmduscher. Denn diese warme Dusche hier verlangt Mut:

Bitte ein paar Menschen, die dich mögen und denen du vertraust, dir aufzuschreiben, was sie an dir super und liebenswert finden und warum sie gerne mit dir zusammen sind, auch wenn du mal bockig bist oder Mist gebaut hast.

Wir alle müssen so etwas ab und zu hören, weil es so guttut. Wie eine warme Dusche eben.

RESPEKT

Finde deine Werte.

Darüber kann man nie oft genug nachdenken. Denn wer weiß, was ihm wichtig ist, kann leichter Entscheidungen treffen. Das lohnt sich doch!

Markiere in der Liste 15 Werte, die dich wirklich ansprechen. Dann kürze sie runter auf die wichtigsten 7. Dann auf 3.

- ✗ Wahrheit
- ○ Hoffnung
- ○ Teamwork
- ✗ Gerechtigkeit
- ○ Integrität
- ○ Mitgefühl
- ○ Loyalität
- ○ Verbindung
- ○ Soziale Verantwortung
- ✗ Freundschaft ✓✓
- ○ Wachstum
- ✗ Spaß ✓
- ○ Weisheit

- ○ Service
- ○ Innovation
- ○ Ehre
- ○ Commitment
- ✗ Gesundheit
- ○ Würde
- ○ Wert
- ○ Barmherzigkeit
- ✗ Glauben
- ○ Schönheit
- ○ Tradition
- ✗ Gemeinschaft
- ✗ Kreativität

- ✗ Freundlichkeit
- ✗ Sicherheit ✓
- ○ Gleichheit
- ○ Innerer Friede
- ○ Demut
- ○ Ganzheit
- ○ Einfachheit
- ✗ Vertrauen
- ○ Exzellenz
- ✗ Respekt
- ○ Mobilität
- ○ Zielgerichtetheit
- ✗ Freude

1 Spaß
2 Freundschaft
3 Sicherheit

RESPEKT
76

Tue, was dich inspiriert.

Welche der folgenden Tätigkeiten begeistern, inspirieren oder sprechen dich an? Welche drücken das aus, was du gerne in deinem Leben tun würdest?

Wähle die 15 wichtigsten für dich aus. Kürze sie dann auf 7. Dann auf 3.

- [x] akzeptieren
- [ ] teilnehmen
- [ ] erreichen/leisten
- [ ] geben
- [ ] weitergeben
- [ ] bestätigen
- [ ] anweisen
- [ ] heilen
- [ ] aufführen
- [ ] lindern/verringern
- [x] entdecken
- [ ] festhalten
- [ ] überzeugen
- [ ] diskutieren
- [ ] Gastgeber sein
- [x] spielen
- [ ] wertschätzen
- [ ] entwerfen/formulieren
- [ ] aneignen
- [ ] glauben
- [x] träumen
- [ ] aufklären
- [ ] üben
- [ ] gewähren/geben
- [ ] antreiben
- [x] vorbereiten
- [ ] aufhellen
- [ ] umsetzen/ausführen
- [ ] präsentieren
- [ ] bauen/gründen

- [ ] beruhigen/entschärfen
- [ ] verbessern
- [ ] auslösen
- [ ] ausbilden/beeinflussen
- [ ] auswählen
- [ ] annehmen/umarmen
- [ ] versprechen
- [x] ermutigen
- [ ] inspirieren
- [ ] werben
- [ ] sammeln
- [ ] ertragen
- [ ] einbinden
- [ ] schützen
- [ ] erfinden
- [ ] versorgen
- [ ] Fortschritte machen
- [ ] ausmalen
- [ ] durchführen
- [ ] verbinden
- [x] jmd. begeistern
- [ ] aufziehen
- [ ] anordnen
- [ ] etwas riskieren
- [ ] wetteifern
- [x] opfern
- [ ] sich etwas ausdenken
- [ ] in Erregung versetzen
- [ ] etwas erfüllen/ Genüge tun

- [ ] kombinieren
- [ ] erkunden
- [x] retten
- [ ] bedenken/beachten
- [ ] ausdrücken
- [ ] verkaufen
- [x] konstruieren
- [ ] finanzieren
- [ ] dienen
- [x] kontaktieren
- [ ] fertigstellen
- [ ] teilen
- [ ] fortsetzen
- [x] sprechen
- [ ] beraten
- [ ] vergeben
- [ ] aushalten
- [ ] (er)schaffen
- [ ] vorantreiben
- [ ] sich ausstrecken
- [ ] entscheiden
- [ ] etwas verursachen
- [ ] unterstützen
- [ ] erfreuen
- [ ] bewahren
- [ ] übernehmen
- [ ] etwas abliefern
- [ ] Bescheid wissen
- [x] planen
- [ ] ausbauen/erweitern

- ○ sich anstrengen
- ○ sich zusammentun
- ✗ entertainen
- ○ führen
- ○ aufrechterhalten
- ○ öffnen
- ○ in Beziehung bringen
- ○ etwas bewältigen
- ○ organisieren
- ○ entspannen
- ○ beherrschen
- ○ empfangen
- ○ befreien
- ○ zur Reife bringen
- ○ zurückgewinnen/ aufarbeiten

- ○ erinnern
- ○ formen
- ○ reduzieren
- ○ respektieren
- ✗ motivieren
- ○ veredeln
- ○ wiederherstellen
- ○ bewegen
- ○ reflektieren
- ○ berühren
- ○ verhandeln
- ○ erfrischen
- ○ eintauschen
- ○ pflegen
- ○ achten/schätzen
- ○ verstehen

- ○ benutzen
- ○ anwenden
- ○ etwas bewerten
- ○ etwas in Worten ausdrücken
- ○ bestätigen/nachweisen
- ○ freiwillig melden
- ✗ arbeiten
- ○ anbeten
- ○ schreiben
- ○ ausstatten/ausrüsten

DIESE 3 Dinge SOLLEN IN MEINEM LEBEN EINE ROLLE SPIELEN

1 arbeiten
2 planen
3 entertain

RESPEKT
77

Notiere den Sinn deines Lebens.

MEIN Lebens-ZIEL IST ES ...

(Kernwerte eintragen)

Gesund, Fröhlich, _____ ,

eine Familie zu haben und

meine Freunde behalten ...

Ist jetzt gar nicht mehr so schwer! Verbinde deine favorisierten Tätigkeiten aus #76, mit deinen Kernwerten aus #75.

(Verben eintragen)

_____ ,

_____ und

_____ .

Überprüf dein Lebensziel: Ergibt es Sinn? Ist es stimmig?
Begeistert es dich? Würdest du dafür gerne deine Lebenszeit und deine
Kraft einsetzen? Kannst du es tun?
Wenn nicht, dann pass es so lange an, bis es für dich stimmig ist.

Unterstell gute Gründe.

Neulich stolperte ich über diese klugen Satz auf einer Karte: „Sei freundlich. Denn jeder kämpft mit irgendeiner Sache, von der du keinen blassen Schimmer hast!"

Es ist leicht, jemandem schlechte Absichten zu unterstellen, wenn er einem blöd kommt. Zu leicht. Deshalb lautet die Herausforderung heute: Unterstell diesem Menschen Gutes! Unterstell ihm, dass er schon seine Gründe hat, so zu reagieren, und dass es höchstwahrscheinlich mehr mit seinem Kampf zu tun hat als mit dir.

Das macht nachsichtiger – und schafft mehr Gelassenheit und weniger Aggression.

Zeig mit dem Finger auf andere.

Und zwar, nachdem du dir eine fette, gelbe Sonne auf die Fingerspitze gemalt hast!

Wenn du dann (in Gedanken) mal wieder mit dem Finger auf jemanden zeigst, der sich ätzend verhält und den du am liebsten rundmachen würdest, lass dich von der Sonne daran erinnern, ihm Gutes zu wünschen, heute mal einfach nicht zurückzumotzen und dir deine sonnige Laune nicht nehmen zu lassen.

Macht dein Leben freundlicher!

Finde dein Gefühl.

Gefühle sind super! Also nicht nur die knallbunten, quietschfidelen Wohlfühlgefühle. Die natürlich sowieso. Aber auch die nagenden, niederdrückenden, einsamen Gefühle. Denn nur wer sich seiner unangenehmen Gefühle bewusst ist, wenn eine Situation doof gelaufen ist, kann daraus etwas Gutes machen.

Wenn die nächste Konfliktsituation da ist, hör in dich hinein, welche Stimmung sich da breitmacht, und kringel sie ein:

ärgerlich, wütend, angespannt, aufgeregt, bedrückt, besorgt, verwirrt, eifersüchtig, genervt, empört, schockiert, resigniert, enttäuscht, erschöpft, frustriert erschrocken, gelangweilt, gestresst, hilflos, hoffnungslos, kraftlos, schutzlos, unruhig, ohnmächtig, schuldig, entmutigt, traurig, überfordert, verletzlich, leer, unsicher, ungeduldig, unglücklich, unzufrieden, verzweifelt, allein.

Entdecke dein Bedürfnis.

Gefühl gefunden? Prima. Dann mach dich auf die Suche nach der Botschaft, die es im Gepäck hat: Jedes Gefühl sagt dir, was du gerade brauchst, damit es dir besser geht!

Fühlst du dich allein, brauchst du Gemeinschaft. Fühlst du dich unsicher, brauchst du Anerkennung. Versuch's mal …

Verständnis, Einfühlung, Nachsicht, Klarheit, Sicherheit, Vertrauen, Verlässlichkeit, Anerkennung, Wertschätzung, Respekt, Hilfe, Unterstützung, Gemeinschaft, Aufmerksamkeit, Trost, Teilnahme / Beitrag leisten, Liebe, Zärtlichkeit, Aussprache, Dialog, Schutz, Sinn / Vision, Bewegung, Abwechslung, Spannung, Abenteuer, Erfahrung sammeln, Entwicklung, Lernen, Forschen, Spaß, Spiel, Kreativität / Inspiration, Struktur, Klarheit, Orientierung, Planung, Freiheit, Wahl, Mut, Selbstbestimmung, Zuversicht, Ruhe, Entspannung, Gesundheit.

Sorge für dich.

Gefühl gefunden, Bedürfnis entdeckt? Dann ist jetzt deine Aktion gefragt.

- **Wie kannst du dafür sorgen, dass dein Bedürfnis gestillt wird?**
- **Wer könnte dir geben, was du brauchst?**
- **Wo könntest du das bekommen?**

Wenn du die Antworten gefunden hast, geh los und bitte um das, was du brauchst. Wer lernt, so mit seinen eigenen Gefühlen umzugehen und Verantwortung für das eigene Innenleben zu übernehmen, lebt mit sich und anderen friedlicher und gelassener.
Das tust du? Sehr erwachsen, ich bin begeistert.

Ändere deinen Blickwinkel.

Mal wieder Zoff, Ärger und Streit? Wenn es darum geht, einen Streit zu klären, hilft es enorm, die eigene Perspektive zu verlassen. Für mehr Verständnis, Verständigung und Lösungsideen. Mach den Test: Leg für jeden Beteiligten einen Zettel auf den Boden und schreib seinen Namen drauf. Dann stell dich nacheinander auf die verschiedenen Positionen und frag dich:

- **Wie sieht .... (Name) die ganze Sache? (Versuch aus seiner Rolle heraus die Lage zu erklären.)**
- **Was fühlt er wohl? (Finde die passenden Emotionen.)**
- **Was wünscht er sich? (Formuliere das aus seiner Sicht als Bitte an dich/den anderen.)**

Wenn du es bis zur dritten Frage geschafft hast – Congrats! Dann hast du dein Empathievermögen geschult! Außerdem kamen dir währenddessen vielleicht schon Ideen oder Erkenntnisse, wie ihr euren Streit beilegen oder zumindest einen guten Kompromiss finden könnt. Was hindert dich, den anderen deine Gedanken mitzuteilen? Gib dir eine Chance. Du kannst ein Friedensstifter werden.

Verpass der Wut einen Knock-out.

Du hast so viel Wut im Bauch, dass du platzen könntest – weißt aber, dass das die Sache oft nur verschlimmert? Und runterschlucken aber auch? Dann versuch's mal hiermit:

- **Pack die Wut mit deinen Fäusten, wenn sie aufsteigt. Halte sie so fest, wie du kannst, ohne etwas zu sagen – und zähle bis 20.**
- **Jetzt nimm deine Wut mit nach draußen (oder an irgendeinen ungestörten Ort) und schleuder sie so weit wie möglich weg. Öffne deine Hände bewusst und schüttel sie dabei ab wie lästigen Schleim.**
- **Wiederhol das Ganze so lange, bis du merkst, dass du ruhiger wirst.**
- **Jetzt übe, dir in Gedanken zu sagen: Das hat mich wütend gemacht, aber ich will nicht weiterstreiten.**

Ist klar: Das löst den Grund des Ärgers noch nicht, hilft aber, den Kopf freier zu bekommen und ruhiger zu werden, um dann eine Lösung finden zu können. Und nicht noch mehr Streit.

Versenke den Frust.

Schreib dir die ganze Enttäuschung von der Seele. Dick und fett und in Rot, wenn's hilft. Auf so viele Zettel wie nötig.

Knüll die Zettel fest zusammen und wirf sie mit Vollkaracho aus 3 Metern Entfernung in deinen Papierkorb. Tue das so oft, bis du merkst, dass das, was dein Herz schwer gemacht hat, aus dir rausgeschleudert wurde.

Und dann denk an drei Dinge, für die du wirklich dankbar bist.

Rede dich mutig und stark.

Gerade irgendwas am Start, das dir Angst macht?

Such dir einen Vers aus und lies ihn dir vor dem Einschlafen siebenmal laut vor – das ist nämlich das, was Gott dir gerne sagen würde und wozu du mit seiner Hilfe in der Lage bist, wenn du ihn ernst nimmst. Stell dir dabei vor, dass diese Worte eine Schutzmauer um dich herum bilden, hinter der du sicher bist.

Der Herr selbst wird für dich kämpfen!

NACH 2. MOSE 14,14

Du bist vor mir und hinter mir und legst deine schützende Hand auf mich.

PSALM 139,5

Hier auf der Erde wirst du viel Schweres erleben. Aber hab Mut, denn ich habe die Welt überwunden.

NACH JOHANNES 16,33

Denn alles ist mir möglich durch Christus, der mir die Kraft gibt, die ich brauche.

PHILIPPER 4,13

Denn ich weiß genau, welche Pläne ich für dich gefasst habe, spricht der Herr. Mein Plan ist es, dir Heil zu geben und kein Leid. Ich gebe dir Zukunft und Hoffnung.

NACH JEREMIA 29,11

Deshalb können wir zuversichtlich sagen: Der Herr steht zu mir, deshalb fürchte ich mich nicht. Was können mir Menschen anhaben?

HEBRÄER 13,69

Attackier die Angst.

Box dich warm:

- 🔹 Zieh dir in Gedanken Boxerhandschuhe an.
- 🔹 Erinner dich an die Verse von der vorigen Seite.
- 🔹 Schlag ein paar Mal kräftig in die Luft, um deinen Widerstandsgeist zu wecken.
- 🔹 Bitte Gott um seine Hilfe.
- 🔹 Und dann sage dabei laut und deutlich: Ich werde mich nicht einschüchtern lassen! Ich habe himmlische Hilfe. Angstmacher, verpisst euch!

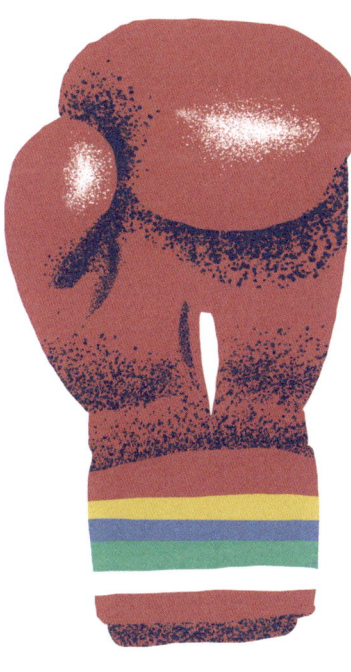

Rauch eine Friedenspfeife.

Nee ... nur symbolisch.

Welche Pfeife hat dich geärgert, provoziert und für Streit gesorgt? Entscheide dich, diesem Jemand zu vergeben und Frieden zu schließen. Zum Beispiel, indem du mit ihm eine selbst gebastelte Friedenspfeife rauchst:

Du brauchst: einen Strohhalm mit Knickgelenk, Papier in der Farbe deiner Wahl, einen Wattebausch oder Tischtennisball.

So geht's: Bastel aus einem untertassentellergroßen Papierkreis einen Trichter, klebe ihn ans Ende des knickbaren Teils des Strohhalms und setze den Wattebausch oder Tischtennisball in den Trichter. Fertig.

Jetzt noch pusten (vorsichtig – um Watte bzw. Ball im Trichter tanzen zu lassen). Freuen. Vertragen.

Tue mal nix.

Okay, nichts tun geht gar nicht richtig. Denn selbst wenn man nur irgendwo sitzt und an die Decke starrt, tut man ja genau das ... Aber es geht darum, nichts aktiv zu tun und alle Ablenkungen auszuschalten, damit man innerlich zur Ruhe kommen und Kraft tanken kann.

Weil diese „lange Weile" für Hirn und Herz total gut ist. Das Gehirn funktioniert mit Auszeiten viel besser und die Seele atmet auf. Versuch's mal. Vielleicht merken andere deine neue beneidenswerte Ausgeglichen- und Gelassenheit und wollen auch mal ... ☺

- **Nimm dir etwas Zeit. Vielleicht erst mal 10 Minuten zum Testen. Steigern kannst du die Zeit dann später noch.**
- **Such dir einen ruhigen Ort (ohne Handy, Musik und Co) und setz oder leg dich bequem hin.**
- **Schau einfach mal, was dir für Gedanken kommen, und hänge ihnen in Ruhe nach.**
- **Oder denk an was Schönes, tagträume drauflos und freu dich an deiner Fantasie.**
- **Wenn dich das, was bei dir im Kopf los ist, zu sehr ablenkt, dann setz alle deine Gedanken auf eine innere Wolke und lass sie an dir vorbeiziehen. Sieh ihr hinterher, wie sie immer kleiner wird und deine Gedanken mir ihr fortziehen ...**

Verabrede dich mit dir selbst.

Nach der Nix-tun-Challenge gibt's jetzt Seele-baumeln-lassen-de-Luxe: Nimm dir einen ganzen Tag oder Nachmittag frei, um Zeit mir dir selbst zu verbringen und das Leben zu genießen. Dabei kann man die erstaunliche Entdeckung machen, wie wenig macht braucht, um glücklich zu sein … Kleiner Tipp: Lebendig fühlt man sich besonders dann, wenn man etwas macht, bei dem man seine Sinne bewusst nutzt.

- **Sieh dir etwas Schönes in Ruhe an, beobachte, schau genau hin (ja genau, etwas Echtes, nichts Digitales ☺).**
- **Nutze deine Ohren. Hör hin. Hör zu. Lausche dem Vogelgezwitscher, dem Meeresrauschen, deiner Lieblingsmusik.**
- **Mach was mit deinen Händen und Füßen. Backe einen Kuchen. Baue etwas. Geh laufen. Tanz dir den Kopf frei.**
- **Rieche, atme, fühle, wie gut das Leben ist!**

Führ eine Danke-Strichliste.

Danken und bedanken macht zufrieden und gelassen.
Wie oft hörst du heute das Wort Danke?
Mach eine Strichliste. Und setz dir zum Ziel, morgen selbst mehr Dankeschöns zu verteilen, als du heute gehört hast.

Ver-gebung

Sei bereit, zu vergeben.

Ich weiß. Manche Sachen tun so weh, dass man denkt, der andere hat das gar nicht verdient.

Aber beim Vergeben geht es nicht um den anderen, sondern um einen selbst! Du tust dir selbst damit etwas Gutes. Denn du befreist dich von der Last, die das Drandenken mit sich bringt. Du verscheuchst alle Rachegefühle, die dir dein Herz zerfressen, und entscheidest dich, nicht weiter unter der Schuld des anderen zu leiden. Das macht froh und frei!

Weil Vergebung eine unsichtbare Handlung in Gedanken ist – wie eine Entscheidung –, hilft es, sie etwas erlebbarer zu machen. Du kannst z.B. so etwas sagen wie:

Das, was .... (Name) mir angetan hat, war schlimm. Es ist seine/ihre Schuld und das hat mich verletzt. Aber ich will es ihr nicht mehr vorhalten und mich nicht immer wieder daran erinnern, sondern mich davon verabschieden. Es ist passiert, aber ich will nicht, dass mich das noch länger belastet. Hiermit verabschiede ich diese Sache und schüttel alles ab, was dazu noch in meinem Herzen rumgeistert. Ich vergebe .... (Name).

Und wenn du immer noch den Schmerz spürst, dann tue das einfach immer wieder – bis er eines Tages verschwunden ist.

Guck dir was ab.

Vielleicht kennst du jemanden in deinem Umfeld, der etwas Schlimmes erlebt hat, dem Unrecht getan wurde und der sehr verletzt worden ist?

- **Frag ihn aus, wie er das mit der Vergebung macht.**
- **Lass dir erklären, wie es ihm gelingt und was ihm hilft.**

Und falls du merkst, dass er (noch) nicht vergeben hat, wirst du wahrscheinlich deutlich sehen können, ob es ihn glücklich und frei gemacht hat, den eigenen Schmerz wachzuhalten.

Hör auf die Stimme.

Und zwar auf die gute in dir drin. Die, die dir Mut macht, dich zu positiven Taten einladen will, die dich beruhigt, dich wunderbar findet und dir sagt, dass du nicht alleine bist … Keine Ahnung, was Mark Forster und ich meinen? Dann mach doch mal das Experiment: Hör mal einen Tag lang in dich hinein.

- **Welche Impulse und Gedanken drängen sich in Kopf und Herz bei dir in den Vordergrund?**
- **Welche kannst du im Hintergrund wahrnehmen?**
- **Welche sind lauter, welche eher leiser? Welche kommen immer wieder?**
- **Dann schreib sie auf.**
- **Überlege, welche davon klug sind und dir Mut machen oder auch auf Gefahren aufmerksam machen. Und welche nicht.**
- **Wem davon bist du gefolgt – oder wärst du lieber gefolgt?**

Wenn du das öfter machst, wird es immer leichter, der Stimme in dir Gehör zu schenken, die für dich ist. Und den restlichen Schrott zu ignorieren.

Spuck den Ärger aus.

Klingt erst mal ganz easy, richtig? Denn wenn man so richtig schön im Krawall-Modus ist, könnte man ja überall hinspucken, weil die Situation so zum Kotzen ist. Leider geht das aber oft schief und man spuckt jemandem den ganzen Ärger in Form von ätzenden Worten vor den Latz, der eigentlich nur zufällig in der Nähe ist und damit gar nichts zu tun hat …

Daher: Den eigenen Ärger NICHT an anderen auslassen!

Sondern: Ab in die Spucktüte damit!

Am besten machst du dir als Erinnerung eine echte Papiertüte. Die kannst du sogar in die Hosentasche stecken und überall mit hinnehmen. Google einfach mal nach „Papiertüte falten", und such dir eine Anleitung aus.

VERGEBUNG

96

Halte dir einen Spiegel vor.

Manchmal ist es heilsam, sich selbst ins Gesicht zu sehen. Gerade in solchen Momenten, in denen man sich eigentlich nicht sieht: wenn man kocht vor Wut, gehässig guckt, sich voller Verachtung abwendet oder jemanden eiskalt abkanzelt. Weil man dann eine genauere Ahnung davon bekommt, wie man auf andere wirkt – und ob man sich so wirklich verhalten möchte.

- Warte auf deinen nächsten ausgewachsenen Ärger.
- Stell dich vor deinen Spiegel (am besten in deinem Zimmer, wenn du keine ungebetenen Zuschauer willst) und lass alles so richtig an deinem Spiegelbild aus. Hau alles raus, was dir durch den Kopf geht, mach dein Gegenüber in Gedanken rund und schau dir dabei zu.
- Fertig? Alles mal so richtig abgefeuert?
- Dann war das also dein Probedurchgang. Was davon möchtest du für die Begegnung mit deinem echten Gegenüber beibehalten – was nicht? Was könntest du anders machen?

Und vielleicht hast du ja beim Ausprobieren der einen oder anderen Idee selbst ein paar Wow-Momente erlebt? Wenn du möchtest, kannst du die aufschreiben. Ab Seite 102 ist Platz dafür.

TEENSMAG
TRENDS · GLAUBE · ACTION · TIEFGANG

Das Magazin für Teens mit der Sehnsucht nach mehr! Denn TEENSMAG kreist um Themen, die Teenager bewegen: Von Freundschaft und Feiern über Schule und Selbstzweifel bis zu Zoff und Zukunft. Und als Fixstern immer mittendrin: unser großer Gott – denn ohne Orientierung geht's nicht.

Ein Abonnement (6 Ausgaben im Jahr) erhalten Sie in Ihrer Buchhandlung oder unter:

www.bundes-verlag.net

Deutschland:
Tel.: 02302 93093-910
Fax: 02302 93093-689

Schweiz:
Tel.: 043 288 80-10
Fax: 043 288 80-11

www.teensmag.net